Walther Ziegler

Heidegger

in 60 Minuten

Dank an Rudolf Aichner für seine unermüdliche und kritische Redigierung,
Silke Ruthenberg für die feine Grafik, Angela Schumitz, Lydia Pointvogl, Eva Amberger,
Christiane Hüttner, Dr. Martin Engler für das Lektorat
und Dank an Prof. Guntram Knapp, der mich für die Philosophie begeistert hat.

Das Dasein versteht sich selbst immer aus seiner Existenz, einer Möglichkeit seiner selbst, es selbst oder nicht es selbst zu sein. [1]

Bibliografische Information der Deutschen Nationalbibliothek:
Die Deutsche Nationalbibliothek verzeichnet diese Publikation in der Deutschen
Nationalbibliografie; detaillierte bibliografische Daten sind im Internet über www.dnb.de
abrufbar.

© 2015 Dr. Walther Ziegler
2. Auflage Juli 2015
Umschlaggestaltung und Grafik des gesamten Buches: Silke Ruthenberg
unter Verwendung von Illustrationen von:
Raphael Bräsecke, Creactive – Atelier für Werbung, Comic & Illustration (Zeichnungen)
© JackF - Fotolia.com (Bilderrahmen)
© Valerie Potapova - Fotolia.com (Bilderrahmen)
© Svetlana Gryankina - Fotolia.com (Sprechblasen)
Herstellung und Verlag:
BoD – Books on Demand, Norderstedt

ISBN 978-3-7347-8169-8

Inhalt

Heideggers große Entdeckung

Wer sich mit Philosophie beschäftigt, kommt an der Seinsphilosophie von Martin Heidegger (1889-1976) nicht vorbei. Es lohnt sich, seine Schriften zu lesen. Danach kann man ihn entweder verteufeln, kritisieren oder als einen der genialsten Geister des 20. Jahrhunderts feiern. Kaum ein anderer Denker wird so unterschiedlich wahrgenommen wie Heidegger. Wie auch immer das persönliche Urteil des Lesers am Ende ausfallen mag, in jedem Fall ist es eine Bereicherung, sich auf sein Denken einzulassen.

1930 veröffentlichte Heidegger sein vierhundert Seiten starkes Hauptwerk „Sein und Zeit". Trotz seiner neuartigen und eigentümlichen Sprache - oder vielleicht gerade deshalb - wurde dieses Buch zu einem Weltbestseller. Heidegger gehört bis heute zusammen mit Sartre zu den bedeutendsten Vertretern der Existenzphilosophie. Er selbst bezeichnete seine Philosophie interessanterweise als „Fundamentalontologie", da er die tiefsten Fundamente des menschlichen Weltverstehens aufzeigen wollte.

So ist zum Beispiel die Zoologie keine Fundamentalontologie, sondern lediglich eine Einzelontologie, nämlich die Logik beziehungsweise die Lehre von den Tieren. Die Geologie ist die Logik von der Erde, die Biologie die Logik vom Bios, also vom Leben, die Soziologie die von der Gesellschaft. Dabei wird jedes mal nur die Logik eines Teilbereiches des Seins erforscht. Alle diese Wissenschaften sind deshalb Einzelontologien, also Lehren von einzelnen Ausschnitten des Seins. Sie machen jeweils Aussagen darüber, wie Tiere, die Erde, der Biokosmos oder die Gesellschaft beschaffen sind und welchen Gesetzmäßigkeiten sie unterliegen. Aber, so Heidegger, alle diese Einzelontologien setzen bei ihrer Wahrheitssuche bereits etwas Fundamentales voraus, das noch niemals erforscht wurde, nämlich die Möglichkeit des Menschen, überhaupt etwas erforschen und verstehen zu können. Heidegger analysiert deshalb in seiner „Fundamentalontologie" die grundlegende Art und Weise, wie der Mensch sinnverstehend in der Welt ist und die Welt wahrnimmt. Ihn interessiert über die Einzelwissenschaften hinausgehend der zu Grunde liegende Sinn des Lebens als Ganzes. Seine zentrale Frage lautet deshalb: ‚Was ist der Sinn von Sein?'

Wenn wir aber nach dem Sinn von Sein und damit dem Sinn des Lebens fragen, müssen wir, so Heidegger, zuallererst erforschen, wer derjenige ist, der diese seltsame Frage stellt. Der Fragesteller ist der Mensch selbst, oder wie Heidegger auch sagt, das menschliche Dasein:

> Ausarbeitung der Seinsfrage besagt demnach: Durchsichtigmachen eines Seienden – des fragenden - in seinem Sein [...]. Dieses Seiende, das wir selbst je sind und das unter anderem die Seinsmöglichkeit des Fragens hat, fassen wir terminologisch als *Dasein*.[2]

Wenn wir also die philosophische Frage nach dem Sinn des Lebens beantworten wollen, kommen wir nicht umhin, uns zuerst einmal mit dem Menschen oder wie Heidegger sagt, mit dem ,Dasein' zu befassen. Diesem Dasein, welches als einziges seiendes Lebewesen auf der Welt diese Frage stellen kann und stellen muss. Wir müssen uns also mit uns selbst befassen. Denn im Unterschied etwa zu einem Stein, geht es dem menschlichen Dasein immer schon darum, seinem Dasein in der Welt einen Sinn zu geben. Heidegger formuliert dies so:

> [...] das Dasein ist Seiendes, dem es in seinem Sein um dieses selbst geht. [3]

Was sagt uns Heidegger zu Beginn des Satzes mit diesen seltsam anmutenden Worten „das Dasein ist Seiendes"? Er sagt lediglich, dass das menschliche Dasein genau wie ein Stein ein „Seiendes" ist. Denn genau wie ein Stein ist auch das menschliche Dasein als Körper mit Füßen, Armen, Beinen, Bauch und Kopf dinglich auf der Welt vorhanden. Der Stein und der Mensch sind somit beide „Seiendes". Aber im Gegensatz zum Stein, der eben nur ein Seiendes im Sinne der Vorhandenheit ist, geht es dem Menschen zusätzlich darum, sein eigenes Sein zu verstehen. Anders als der Stein sorgt er sich um sein eigenes Leben. Man könnte also Heideggers Satz „das Dasein ist Seiendes, dem es in seinem Sein um dieses selbst geht" vereinfacht so übersetzen: „Der Mensch ist ein Lebewesen, dem es in seinem Leben um dieses selbst geht."

Heideggers Ausgangspunkt ist somit klar. Um die große Frage nach dem ‚Sinn von Sein' zu beantworten, untersucht er zunächst einmal das ganz alltägliche Seinsverständnis des Menschen.

Gerade im Alltagsverhalten kann man laut Heidegger vieles über die Struktur und Funktionsweise des menschlichen Lebens erfahren:

Alltäglichkeit deckt sich nicht mit Primitivität. Alltäglichkeit ist vielmehr ein Seinsmodus des Daseins auch dann und gerade dann, wenn sich das Dasein in einer hochentwickelten und differenzierten Kultur bewegt. [4]

Im Alltag gelingt es den Menschen übrigens jedes Mal, wenn sie „ist" sagen oder „ist" denken, den Dingen und sich selbst irgendeinen Sinn zu geben. Das heißt, wir Menschen haben alle bereits eine Art

Seinsverständnis und bewegen uns verstehend in der Welt.

Wir sagen zum Beispiel Sätze wie: „Der Bus ist mir davongefahren", „der Tag ist verregnet", „meine Stimmung ist schlecht", „die Welt ist ungerecht". Das Wort „ist" mag auf den ersten Blick völlig harmlos und unbedeutend erscheinen, doch steht es bei Heidegger am Beginn einer tiefgründigen Analyse des gesamten menschlichen Lebens. Im alltäglichen „ist" Sagen beziehungsweise beim Verwenden des Wortes „sein" zeigt sich nach Heidegger bereits etwas ganz Besonderes – nämlich die Tatsache, dass wir die Welt in jeder Sekunde auf irgendeine Art und Weise interpretieren:

In allem Erkennen, Aussagen, in jedem Verhalten zu Seiendem [...] wird von ‚Sein' Gebrauch gemacht, und der Ausdruck ist dabei „ohne weiteres" verständlich. Jeder versteht: „Der Himmel *ist* blau", „ich *bin* froh" und dgl. Allein diese durchschnittliche Verständlichkeit [...] macht offenbar, dass [...] wir je schon in einem Seinsverständnis leben und der Sinn von Sein zugleich in Dunkel gehüllt ist [...]. [5]

Was sagt uns Heidegger an dieser Stelle? Er sagt, dass einerseits in jedem „ist" Sagen, und wenn es noch so banal ist, wie „der Himmel ist blau" oder „er ist fröhlich" oder „das Weltall ist unendlich", der Mensch den Dingen um sich herum mit großer Selbstverständlichkeit eine Bedeutung oder einen Sinn zuschreibt, zum Beispiel dem Himmel die Blauheit, sich selbst die Fröhlichkeit, dem Universum die Unendlichkeit und so weiter. Andererseits aber bleibt gleichzeitig der Sinn des Lebens als Ganzes, also der Sinn des Seins im Dunkeln.

Das alltägliche Seinsverständnis des Menschen ist somit nur ein erster Hinweis, eine Art Indiz und Ausgangspunkt für die Beantwortung der Frage nach dem Sinn von Sein. Worin aber besteht das Seinsverständnis der Menschen? Hat jeder von uns ein eigenes? Interpretiert jeder seine Welt auf seine Weise? Wie ordnen wir die Welt? Und vor allem – kann man ausgehend von den alltäglichen Einzelinterpretationen der Welt am Ende tatsächlich den Sinn des Seins als Ganzes verstehen?

Heidegger hat sich genau dies vorgenommen. Ausgehend von der alltäglichen Selbstbezüglichkeit erforschte er das Dasein nun Schritt für Schritt in einer „phänomenologischen" Analyse. Dabei entdeckt er eine Reihe sogenannter „Existenzialien". Darunter versteht er bestimmte, dem Menschsein unmittelbar zugehörige Wesensmerkmale, die unser Leben fundamental kennzeichnen und daher nicht abgeschüttelt werden können. Gibt es so etwas überhaupt? Haben tatsächlich alle Menschen auf der Welt gemeinsame Wesensmerkmale und Strukturen?

Heidegger antwortet mit einem klaren „Ja". Seine phänomenologische Herleitung dieser Existenzialien, innerhalb derer sich unser ganzes Leben abspielt, liest sich so spannend wie ein Kriminalroman. Ausgehend von der Entdeckung, dass der Mensch je schon immer die ihn umgebende Welt versteht, interpretiert und sich dabei selbst in die Welt einordnet, spricht Heidegger vom „In-der-Welt-sein" des Daseins.

Dieses „In-der-Welt-sein" ist wiederum gekennzeichnet von einer umfassenden Sorge, nämlich der Sorge um das eigene Leben. Konkret sorgen wir Menschen uns beispielsweise um unser Essen, um das Geld, mit dem wir unseren Lebensunterhalt bestreiten müssen, oder auch um unsere Gesundheit, unsere Freunde, Kinder und Verwandten. Heidegger meint aber mit dem existenziellen Sorgecharakter des Daseins nicht die vielen Einzelsorgen, sondern den strukturellen Sorgecharakter des Daseins schlechthin, der sich aus seinem Wissen um das Ausgeliefertsein an die vergangene, gegenwärtige und zukünftige Welt ergibt. Und dieses Existenzial der „Sorge" zwingt uns, immer neue Entscheidungen in Hinblick auf unsere Vergangenheit, Gegenwart und Zukunft zu treffen.

Die Tatsache, dass wir uns im Leben ständig für irgendeine Möglichkeit entscheiden müssen und uns damit zwangsläufig andere Möglichkeiten vorenthalten, birgt die Gefahr, dass wir uns falsch entscheiden. Heidegger stellt die provokative These auf, dass die meisten Menschen den Sinn ihres Lebens verfehlen und in einem „uneigentlichen Modus" des Daseins leben.

Dabei konfrontiert er uns mit der Tatsache, dass wir in der Regel nur das tun, was gerade modern ist und was ,man' eben so tut. ,Man' geht zur Schule, ,man' studiert, ,man' geht zur Arbeit, ,man' verdient möglichst viel Geld, ,man' macht Urlaub, ,man' macht Sport, ,man' macht das, was im Moment nicht geht, irgendwann später. Statt unser eigenes Leben zu verwirklichen, bewegen wir uns in den von anderen ausgetretenen Bahnen.

Heidegger konfrontiert uns zudem mit der Wirklichkeit des eigenen Todes, die wir nur allzu gerne verdrängen. Er gibt aber auch konkrete Hinweise, wie wir den Tod positiv in unser Leben einbeziehen können. Er zeigt uns unter anderem die Selbstheilungs-kräfte des Daseins, wenn es seine Seinssicherheit verloren hat und vor dem Nichts steht.

Die Daseinsanalytik Heideggers ist inzwischen fast 100 Jahre alt, hat aber dennoch nichts von ihrer gewaltigen Anziehungskraft verloren. Die existenziellen Strukturen des Daseins, wie Heidegger sie aufgedeckt hat, sind bis heute gültig und faszinierend. Es gibt wohl kaum jemanden, der bei der Lektüre von Heideggers Hauptwerk „Sein und Zeit" nicht seine eigenen Lebenserfahrungen in die von Heidegger offen gelegten Strukturen hineinprojiziert und sich darin wiedererkennt. Nicht zuletzt wegen seiner ungewöhnlich kraftvollen Sprache gelingt es Heidegger, seine Leser immer weiter in den Strudel seiner existenziellen Analyse hineinzuziehen.

Heideggers Kerngedanke

Das In-der-Welt-sein des Menschen

Heidegger verwendet eine neue Methode der Wahr-
heitsfindung, die sogenannte Phänomenologie. Man
darf auf keinen Fall, wie dies die moderne Wissen-
schaft praktiziert, einen vorgefertigten Fragenkata-
log über den Forschungsgegenstand stülpen, denn
dann bekommt man, so Heidegger, immer nur die
Antworten, die bereits in der Frage angelegt sind.
Als guter Philosoph muss man die Phänomene möglichst vorurteilsfrei und interesselos auf sich wirken
lassen, oder wie Heidegger es formuliert:

> Das was sich zeigt, so wie
> es sich von ihm selbst her
> zeigt, von ihm selbst her
> sehen lassen. [6]

Mit dieser von seinem Lehrer Husserl übernomme-
nen Methode der Phänomenologie kam Heidegger zu

einer radikal neuen Sichtweise des Menschen. Während frühere Philosophen, wie Descartes oder Kant, immer davon ausgegangen sind, dass der Mensch und die Welt zwei voneinander getrennte Einheiten sind, behauptet Heidegger, dass sie phänomenologisch gesehen eins sind. Unsere Selbstwahrnehmung sei untrennbar mit der Wahrnehmung der Welt verbunden. Sobald wir nämlich die Augen aufmachen, sind wir bereits eingebunden in einen Strom von Eindrücken und Empfindungen. Es ist also nicht so, dass ich zuerst als ‚ich-Selbst' als abstraktes Subjekt da bin und dann den Wecker klingeln höre und die Uhrzeit ablese, sondern beides, das wahrnehmende Ich und die Wahrnehmung, ist immer gleich ursprünglich. Sobald ich nämlich meine Aufmerksamkeit auf etwas richte, bin ich selbst auch schon mitten drin. Denn, so Heidegger:

> Im Sichrichten auf [...] und Erfassen geht das Dasein nicht etwa erst aus seiner Innensphäre hinaus, in die es zunächst verkapselt ist, sondern es

ist seiner primären Seinsart nach immer schon „draußen" bei einem begegnenden Seienden der je schon entdeckten Welt. [7]

Deshalb spricht Heidegger nicht mehr vom menschlichen Subjekt einerseits und der Welt als Objekt andererseits, sondern vom „In-der-Welt-sein". Damit wollte er die seiner Meinung nach falsche und künstliche Subjekt-Objekt Trennung der bisherigen Philosophie überwinden.

Auch ist das Dasein als In-der-Welt-sein, wie Heidegger betont, nicht nur rational verstehend in der Welt, sondern auch immer schon emotional „gestimmt". Wir befinden uns nämlich jeden Augenblick in irgendeiner Stimmung. Diese Tatsache hätte Kant und die rationalistische Philosophie völlig übersehen. Mal sind wir freudig erregt, mal gelangweilt, mal angespannt, mal gut gelaunt, ein anderes Mal vielleicht niedergeschlagen oder gedrückt. Immer aber sind wir gestimmt, selbst wenn wir uns leer oder uninspiriert fühlen. In der Stimmung oder wie Heidegger auch sagt, in der Befindlichkeit ist die Welt vor jeder Erkenntnis erschlossen:

> Dass Stimmungen verdorben werden und umschlagen können, sagt nur, dass das Dasein je schon immer gestimmt ist [...]. Die Stimmung macht offenbar, ‚wie einem ist und wird'. In diesem ‚wie einem ist' bringt das Gestimmtsein das Sein in sein ‚Da'. [8]

Die Art und Weise, wie wir die Welt wahrnehmen, hängt also davon ab, wie wir gestimmt sind. Ein und derselbe Gegenstand kann je nach Stimmung ganz unterschiedlich wahrgenommen werden. So wird beispielsweise ein Fuchs, der sich ängstlich in seiner Höhle unter den Wurzeln der Eiche vor dem Jäger versteckt, diesen Baum ganz anders empfinden als der Specht, der in großer Höhe sein Nest baut, oder das Eichhörnchen, das lustvoll von Ast zu Ast springt, oder das Liebespaar, das sich darunter küsst, oder der Waldarbeiter, der den Baum mühsam fällen muss.

Jemand, der in gedrückter Stimmung ist, sieht oft alles grau in grau. Sein gedrücktes In-der-Welt-sein lässt ihn die ganze Welt sowie sein eigenes Darin-Sein düster erscheinen, so wie man umgekehrt im Übermut die ganze Welt mit einer rosaroten Brille sieht.

Das In-der-Welt-sein als Befindlichkeit, in der das Dasein sich selbst und die Welt gleich ursprünglich erschließt, ist die unhintergehbare Wirklichkeit des Menschen. Das In-der-Welt-Sein ist somit gemäß Heidegger ein Existenzial, ebenso wie der nun folgende Sorgecharakter des Daseins.

Der Sorgecharakter des Daseins

Hier kommen wir zu einem weiteren zentralen phänomenologischen Befund Heideggers hinsichtlich der Struktur des menschlichen Lebens. Das Dasein ist, so Heidegger, nicht nur ein Seiendes, das wie ein Stein einfach nur vorhanden ist, sondern es ist sich selbst ein Stück ,vorweg'.

> [...] das Dasein ist ihm selbst in seinem Sein je schon vorweg. [9]

Was meint Heidegger damit? Er will die strukturelle Beschaffenheit beschreiben, dass wir uns ständig um die Welt, um die Mitmenschen und natürlich um uns selbst sorgen. Unser Dasein kann niemals ganz in der Gegenwart aufgehen. Der Mensch lebt sozusagen nicht nur im Augenblick, sondern plant ständig voraus und entwirft sein Dasein in jeder Sekunde auf die Zukunft hin. Er ist sich selbst vorweg. Er betreibt V o r s o r g e für den nächsten Moment, den nächsten

Tag, die nächste Woche oder das Alter. Er besorgt Lebensmittel für das Abendessen, ist fürsorglich zu den Kindern und sorgt sich generell um das, was war, was ist und was wohl noch kommen wird. Unser In-der-Welt-sein, so Heidegger, ist immer schon ein sorgendes In-der-Welt-sein. Es ist stets auf das bezogen, was uns aus der Welt entgegenkommt und was auf uns zukommt. Wir sind, so Heidegger, in unserer Sorge immer auf etwas aus:

In dem gerichteten, sorgenden ‚Aussein auf etwas' ist das Worauf der Sorge des Lebens [...] die jeweilige Welt. [10]

Mit dem Sorgecharakter des Daseins als einem Existenzial meint Heidegger aber nicht die einzelnen konkreten Alltagssorgen, auch nicht die mehr oder weniger sorgfältigen Pläne für die Zukunft und auch nicht all dies zusammen. Er meint vielmehr die grundsätzliche menschliche Eigenart, in Raum und Zeit zu leben und sich darin selbst entwerfen zu müssen, mit der Betonung auf ‚müssen‘. Interessanterweise kann der Mensch nach Heidegger nicht einfach damit aufhören, sich um seine Vergangenheit, Gegenwart und Zukunft zu sorgen, und sich beispielsweise gar nicht mehr auf die Zukunft hin entwerfen. Denn selbst, wenn er keinerlei Pläne mehr macht und sich schweigend in eine Ecke setzt, hat er sich bereits entworfen, nämlich als ‚planlos in der Ecke Sitzenden’. Es gibt also kein Entkommen aus dem existenziellen Entwurfcharakter des Daseins:

[...] das Dasein [...] ist, solange es ist, entwerfend. [11]

Deshalb ist auch der Sorgecharakter des Daseins unhintergehbar. Das Sich-selbst-Entwerfen auf das mögliche Sein-können in der Gegenwart und Zukunft ist ein Existenzial und gehört zum Sorgecharakter des Daseins. Es ist unhintergehbar. Heidegger spricht an dieser Stelle auch vom „geworfenen Entwurf", da wir vor der Geburt nicht gefragt werden, ob wir entwerfend in der Welt sein wollen oder nicht. Wir sind es einfach und müssen aus dem, was wir vorfinden, das Beste machen, egal wo und wann wir geboren werden, egal ob wir groß oder klein, reich oder arm sind. Und das bleibt, so Heidegger, nicht ohne Konsequenzen. Denn durch das ständige Entwerfen des Daseins auf eine mögliche Zukunft hin befindet sich dieses auch in einem ständigen Umstrukturierungsprozess:

> Auf dem Grunde der Seinsart, die durch das Existenzial des Entwurfs konstituiert wird, ist das Dasein ständig „mehr", als es tatsächlich ist [...]. [12]

Wir sind, so Heidegger, deshalb ständig mehr, als wir gerade sind, weil der Entwurf, den wir auf die Zukunft hin machen, sich immer auch schon auf die Gegenwart auswirkt und über diese hinaus weist. So gewinnt beispielsweise ein Spitzensportler allein aus der Vorstellung, bei der nächsten Olympiade zu siegen, eine ungeheure Motivation, in der Gegenwart hart dafür zu trainieren. Ein sich selbst als künftiger Sieger entwerfender Sportler ist deshalb bereits mehr als nur ein Trainierender. Er ist bereits ein möglicher Sieger, ein Siegertyp, auch wenn der Wettbewerb noch bevorsteht oder wie Heidegger sagt:

Das Dasein ist aber als Möglichsein [...] das, was es [...] *noch nicht* ist [...]. [13]

Diese strukturelle Möglichkeit, sich selbst als mehr beziehungsweise als etwas anderes zu entwerfen, als was man gerade ist, macht den Sorgecharakter des Daseins aus. Wir können uns jederzeit neu entwerfen, z.B. vom Dorf in die Stadt ziehen, Kinder bekommen, neue Freunde gewinnen, die Arbeitsstelle wechseln oder vielleicht auch ganz aussteigen und in ein Schweigekloster eintreten.

Doch an dieser Stelle taucht am Horizont des Sorgecharakters des Daseins eine neue und bedeutende Frage auf. Sind meine Möglichkeiten tatsächlich unbegrenzt? Beschneidet nicht der Tod alle meine Chancen? Wie viel Zeit bleibt mir, um mich zu entwerfen und zu entfalten?

Dasein als ,Sein zum Tode'

Der Mensch würde vielleicht gerne ewig leben, faktisch aber muss er sterben. Er wird vor seiner Geburt nämlich nicht gefragt, ob er sterblich sein will oder nicht, sondern er wird, wie Heidegger sagt, in das Leben ,geworfen' und zwar mit der Bestimmung, wieder sterben zu müssen:

> Als geworfenes In-der-Welt-sein ist das Dasein je schon seinem Tode überantwortet. Seiend zu seinem Tode, stirbt es faktisch und zwar ständig [...]. [14]

Dass wir alle ‚faktisch' irgendwann sterben müssen, steht außer Frage und ist leicht zu verstehen. Inwiefern aber sterben wir ‚ständig'? Heidegger will uns mit dem Wort ‚ständig' nahebringen, dass wir mit jedem Tag, jeder Stunde und jeder Sekunde dem Tod unaufhaltsam ein Stück näher kommen. Etwas brachial, aber inhaltlich sehr präzise stellt er fest:

Das „Ende" des In-der-Welt-seins ist der Tod. [15]

Deshalb ist laut Heidegger jedes Dasein ein ‚Sein zum Tode'. Mit diesem Satz betont er aber nicht nur die Tatsache, dass jeder von uns sterblich ist, sondern auch, dass wir damit in irgendeiner Weise umgehen müssen. Wir müssen uns auf den Tod einstellen und eine entsprechende Position zu ihm einnehmen. Dabei haben wir prinzipiell zwei Möglichkeiten, mit unserem Leben zum Tode, oder wie Heidegger sagt, mit unserem ‚Sein zum Tode', umzugehen. Wir können die Gewissheit des Todes entweder zulassen oder verdrängen. Die Menschen bevorzugen in aller Regel die Verdrängung, da der Tod eine schwer zu ertragende Zumutung darstellt. Beim Verdrängen wird der Tod rational zwar nicht geleugnet, das wäre unmöglich, aber man verlegt sich darauf, ihn erst einmal in weite Ferne zu schieben. Denn, so Heidegger:

> Man sagt: der Tod kommt gewiss, aber vorläufig noch nicht. Mit diesem ,aber' [...], spricht das Man dem Tod die Gewissheit ab [...]. Dieser wird hinausgeschoben auf ein ,später einmal' und zwar unter Berufung auf das sogenannte ,allgemeine Ermessen'. [16]

Nach allgemeinem Ermessen beträgt die durchschnittliche Lebenserwartung in Mitteleuropa bald neunzig Jahre, so dass ,Man' sich damit ja wirklich noch nicht befassen muss:

> *Das Man lässt den Mut zur Angst vor dem Tod nicht aufkommen.* [17]

Heidegger empfiehlt uns aber, der Gewissheit des Todes nicht einfach auszuweichen, sondern uns im ‚Vorlaufen auf den Tod' der Tatsache des Ablebens bewusst zu werden. Wenn wir uns erst einmal darüber im Klaren sind, dass wir sterben, zwingt uns diese Gewissheit dazu, unser Leben in der Begrenztheit der Möglichkeiten zu sehen. Gerade das aber kann uns helfen, entschlossener und das heißt, nach eigenem Ermessen zu leben oder wie Heidegger sagt:

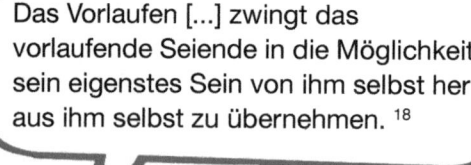

> Das Vorlaufen [...] zwingt das vorlaufende Seiende in die Möglichkeit, sein eigenstes Sein von ihm selbst her aus ihm selbst zu übernehmen. [18]

Was meint Heidegger damit, dass das Vorlaufen uns zwingt, unser Sein ,von ihm selbst her aus ihm selbst' zu übernehmen? Tun wir das nicht ohnehin? Lebt nicht ein jeder sein Leben? Gestalten wir unser Leben nicht immer schon von uns selbst her und aus unseren eigenen Wünschen und Zielen heraus?

Heidegger verneint dies und stellt die provokative These auf, dass wir im Alltag eben nicht ,wir selbst' sind, sondern uns, ohne es zu merken, von fremden Interessen leiten lassen:

> Vielleicht sagt das Dasein im nächsten Ansprechen seiner selbst immer: ich bin es und am Ende dann am lautesten, wenn es dieses Seiende ,nicht' ist. [19]

Das alltägliche und durchschnittliche ,Wer' des Daseins, so Heideggers phänomenologische Analyse, sind oft gar nicht mehr Wir, sondern die Anderen. Heidegger spricht angesichts dieser erstaunlichen

Verschiebung vom ‚Verfallensein' an das anonyme ‚Man'.

Die Flucht in das anonyme ‚man'

Wir tun nicht mehr, was wir tun wollen, sondern nur noch das, was ‚man' eben so tut:

> Wir genießen und vergnügen uns, wie *man* genießt; wir lesen, sehen und urteilen über Literatur und Kunst, wie man sieht und urteilt; wir ziehen uns aber auch vom ‚großen Haufen' zurück, wie *man* sich zurückzieht; wir finden ‚empörend', was *man* empörend findet. [20]

Diese Lebensweise ist sehr bequem und deshalb so weit verbreitet. Es handelt sich aber letztlich um eine Flucht. Denn der Sorgecharakter des Daseins verlangt im eigentlichen Sinne, dass wir für unser Dasein je selbst sorgen und uns selbst auf die Zukunft hin entwerfen. Im uneigentlichen Modus des Verfallenseins an das ‚man' wird die Ausgestaltung des sorgenden In-der-Welt-seins anderen überlassen, insofern man sich ausschließlich an der Mehrheitsmeinung orientiert, an allgemeinen Regeln und Konventionen und somit letztlich an ‚Allen und Niemandem':

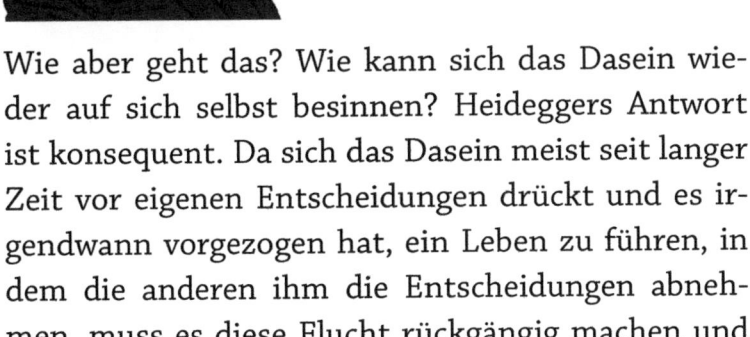

Dieses wahllose Mitgenommenwerden von Niemand, wodurch sich das Dasein in die Uneigentlichkeit verstrickt, kann nur dergestalt rückgängig gemacht werden, dass sich das Dasein eigens aus der Verlorenheit in das Man zurückholt zu ihm selbst. [21]

Wie aber geht das? Wie kann sich das Dasein wieder auf sich selbst besinnen? Heideggers Antwort ist konsequent. Da sich das Dasein meist seit langer Zeit vor eigenen Entscheidungen drückt und es irgendwann vorgezogen hat, ein Leben zu führen, in dem die anderen ihm die Entscheidungen abnehmen, muss es diese Flucht rückgängig machen und eine andere Wahl treffen. Es muss wählen, wieder selbst Entscheidungen zu treffen:

> Das Sichzurückholen aus dem Man, das heißt die existenzielle Modifikation des Man-selbst zum *eigentlichen* Selbstsein muss sich als *Nachholen einer Wahl* vollziehen. [22]

Nachholen der Wahl bedeutet also, dass wir uns dafür entscheiden, uns nicht länger manipulieren zu lassen und künftig unsere Lebensmöglichkeiten wieder selbst zu wählen und zu ergreifen. Heidegger spricht deshalb von einer ‚Wahl der Wahl'.

> Im Wählen der Wahl *ermöglicht* sich das Dasein allererst sein eigentliches Seinkönnen. [23]

Dies ist aber, so Heidegger, keine leichte Angelegenheit. Wir können, wenn wir uns zuvor Monate, vielleicht auch Jahre oder ein ganzes Leben lang am anonymen ,man' orientiert haben, nicht einfach sagen, ,ab morgen entscheide ich wieder selbst über mein Leben.' Dafür ist das Man-selbst in uns bereits viel zu gefestigt und es bedarf in der Regel einer existenziellen Krise, in der die Man-Welt zusammenbricht, um uns zu befreien und wieder die Möglichkeit zu spüren, unser eigenes Selbstseinkönnen zu ergreifen.

Solche Lebenskrisen sind aber, so Heidegger, ganz wesentlich von einer Stimmung begleitet, die unser Dasein als Ganzes durchdringt und erfasst. Es ist eine unheimliche Stimmung, die uns vereinzelt, auf uns selbst zurückwirft und unser ganzes bisheriges Leben in Frage stellt – die Stimmung der Angst. Die Angst bedroht und erschüttert uns in unseren tiefsten Fundamenten, und doch eröffnet gerade die Angst, so Heidegger, die Chance, uns selbst zu finden.

Die Angst vor dem Nichts

Heidegger spricht auch von der ‚Grundbefindlichkeit der Angst' und unterscheidet diese prinzipiell vom alltäglichen Phänomen der Furcht. Die Furcht zeichnet sich dadurch aus, dass es etwas gibt, wovor man sich fürchtet. Sie hat immer einen konkreten Gegenstand. Man kann sich beispielsweise vor einem bissigen Hund fürchten oder einem Hagelschauer mit Blitzschlag oder auch einem Raubüberfall. Die Stimmung der Angst ist dagegen seltsam unbestimmt, denn, so Heidegger:

> Wovor die Angst sich ängstet, ist nichts von dem innerweltlich Zuhandenen. Allein dieses Nichts von Zuhandenem [...] ist kein totales Nichts. [24]

Die Angst ängstigt sich also nicht vor innerweltlich Zuhandenem, etwa vor Hunger, Durst, Arbeitslosigkeit oder Armut. Im Gegenteil, in der Stimmung der Angst tritt alles Innerweltliche in den Hintergrund.

Auch die routinemäßige Orientierung an dem, was ‚man' so tut und damit die Diktatur des anonymen ‚man' verblasst und gibt keinen wirklichen Halt mehr. Wenn man Angst hat, nützen deshalb auch keine Ratschläge wie ‚Jetzt reiß dich mal zusammen' oder ‚Es gibt doch gar keinen Grund, niemand tut dir etwas'. Egal, was die anderen sagen, wir fühlen uns ausgesetzt und ungeborgen. Das Dasein wird in der unheimlichen Stimmung der Angst vereinzelt oder wie Heidegger sagt, auf sich selbst zurückgeworfen, auf sein nacktes, blankes Möglichsein:

> Allein in der Angst liegt die Möglichkeit eines ausgezeichneten Erschließens, weil sie vereinzelt [...]. In ihr ist das Dasein völlig auf seine nackte Unheimlichkeit zurückgenommen und von ihr benommen. [25]

Was meint Heidegger mit der Möglichkeit des ausgezeichneten Erschließens angesichts der Vereinzelung und nackten Unheimlichkeit? Und wovor ängstigt sich das Dasein, wenn nicht vor etwas konkret Innerweltlichem? Heideggers Antwort ist verblüffend: Es ängstigt sich vor dem ,Nichts' und somit der Welt als solcher:

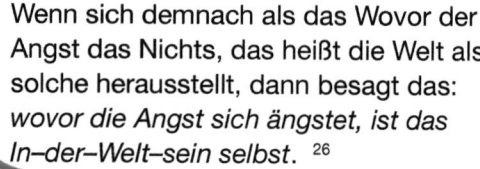

Wenn sich demnach als das Wovor der Angst das Nichts, das heißt die Welt als solche herausstellt, dann besagt das: *wovor die Angst sich ängstet, ist das In–der–Welt–sein selbst.* [26]

Das Dasein ängstigt sich also vor seinem eigenen In-der-Welt-sein. Das bedeutet, es ängstigt sich davor, weiter erschließend in der Welt zu sein und sein Leben gestalten und planen zu müssen. Es ist im Grunde eine Art ,Lebensangst'. Dabei spielen die vielen Einzelsorgen und Bedrängnisse, die uns sonst beschäftigen, auf einmal keine Rolle mehr. Der Sorgecharakter des Daseins selbst wird jetzt zur Bedrohung. Wir haben vor nichts Konkretem mehr Angst, sondern vielmehr vor dem sorgenden In-der-Welt-sein selbst, also davor, dass wir die Aufgabe des Lebens nicht mehr weiter bewältigen können. Wenn solchermaßen in der Stimmung der Angst die Meinungen der Anderen und sogar die religiösen Gebote der Unantastbarkeit des Lebens verblassen, merken wir, dass es in uns nichts gibt, das uns zwingt, das Leben weiter zu leben. Heidegger spricht auch deshalb von der Angst vor dem ‚Nichts', da das Nichts der Grund und Boden unseres Daseins ist.

Das Nichts, davor die Angst bringt, enthüllt die Nichtigkeit, die das Dasein in seinem *Grunde* bestimmt [...]. [27]

Dieser Nichtigkeit aber müssen wir uns stellen, denn sie eröffnet auch die Möglichkeit, uns darin zu gründen, uns eigentlich zu erwählen und zu erschaffen. Das Nichts bedeutet somit bei aller von ihm ausgehenden Bedrohlichkeit gleichsam auch die Chance des Selbst-sein-Könnens:

In der Unheimlichkeit steht das Dasein ursprünglich mit sich selbst zusammen. Sie bringt dieses Seiende vor seine unverstellte Nichtigkeit, die zur Möglichkeit seines eigensten Seinkönnens gehört. [28]

Die Angst offenbart also – gerade weil sie uns vor unsere Nichtigkeit und damit vor die Unbestimmtheit bringt – das Freiseinkönnen für die Wahl unserer selbst.

Die Angst offenbart im Dasein das *Sein zum* eigensten Seinkönnen, das heißt das *Freisein* für die Freiheit des Sich-selbst-wählens und -ergreifens. [29]

Die Freiheit, sich selbst wählen und ergreifen zu können, beinhaltet aber auch die Freiheit, sich nicht zu wählen. In diesem Fall kann man entweder aus der Stimmung der Angst wieder in die scheinbare Sicherheit des anonymen ‚man' zurückkehren oder mit der radikalen Nicht-Übernahme des In-der-Welt-seins durch Suizid die äußerste, gleichwohl gegebene Möglichkeit existenzieller Freiheit wahrnehmen. Aber selbst angesichts dieser bedrohlichen Wahlmöglichkeit des Todes empfiehlt uns Heidegger das ‚Vorlaufen auf das Nichts':

Das Vorlaufen erschließt der Existenz als äußerste Möglichkeit die Selbstaufgabe, und zerbricht so jede Versteifung auf die je erreichte Existenz. [30]

Während das Christentum diese äußerste Möglichkeit der Selbstaufgabe als Sünde, als Mord, Selbstmord oder Vergehen gegen Gott tabuisiert, ist sie bei Heidegger tatsächlich eine ‚äußerste Möglichkeit der Freiheit'. Allerdings - jetzt kommt eine interessante

Wendung in Heideggers Daseinsanalyse - sind die Menschen bei ihrer Entscheidung für oder gegen das Leben, für oder gegen das Ergreifen des Selbst-sein-Könnens, nicht auf sich allein gestellt. Sie werden, wie Heidegger sagt, gerade angesichts der bedrohlichen Nichtigkeit, die unser Dasein in Frage stellt, von einer geheimnisvollen Stimme in das Sein zurückgerufen - vom ‚Ruf des Gewissens'.

Der Ruf des Gewissens

Unter Gewissen und unter dem Ruf des Gewissens versteht Heidegger aber keineswegs das, was wir normalerweise mit diesen Worten verbinden. Es geht ihm nämlich nicht um irgendwelche moralischen oder sittlichen Skrupel oder ‚Gewissensbisse', die uns plagen und uns zurufen: ‚Selbstmord ist Sünde'! Es geht ihm auch nicht um irgendeine psychologisch beschreibbare Instanz der Selbstkontrolle oder Selbstkritik. Gewissen ist für Heidegger auch nicht das ‚Über-Ich', wie es Freud beschreibt.

Der Ruf des Gewissens muss vielmehr in einem existenziellen Sinne als ein Phänomen des Daseins verstanden werden. Der Ruf darf weder als Stimme Gottes noch einer anderen metaphysischen Instanz interpretiert werden. Wenn der Ruf des Gewissens aber weder von Gott herrührt, noch von einem psychologisch beschreibbaren Über-Ich, woher kommt er dann? Wer ist der Rufer und was ist der Inhalt des Rufes? Heideggers Antwort ist erstaunlich:

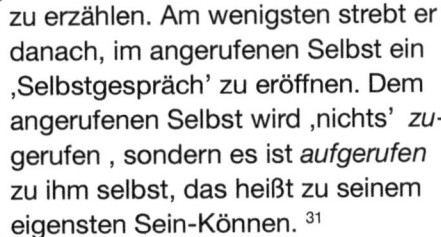

Was ruft das Gewissen dem Angerufenen zu? Streng genommen – nichts. Der Ruf sagt nichts aus, gibt keine Auskunft über Weltereignisse, hat nichts

zu erzählen. Am wenigsten strebt er danach, im angerufenen Selbst ein ‚Selbstgespräch' zu eröffnen. Dem angerufenen Selbst wird ‚nichts' *zu*gerufen , sondern es ist *aufgerufen* zu ihm selbst, das heißt zu seinem eigensten Sein-Können. [31]

Dem Dasein wird also nichts Konkretes zugerufen, in der Art: ‚Mache dies oder tue das!', es wird stattdessen dazu aufgefordert, sein eigenstes Selbst-sein-Können zu übernehmen. Wer fordert unser Dasein dazu auf? Ist es vielleicht am Ende doch wieder Gott?

Heidegger verneint und gibt eine überraschende, aber auch sehr konsequente Antwort. Das Dasein je selbst ist der Rufer. Da es dem Dasein nämlich aufgrund seiner Sorgestruktur immer schon um sein eigenes Sein geht, meldet es sich in der unheimlichen Stimmung der Angst zu Wort und ruft sich angesichts seiner eigenen Nichtigkeit in das Sein zurück oder wie Heidegger sagt:

> Sofern es dem Dasein - als Sorge - um sein Sein geht, ruft es aus der Unheimlichkeit sich selbst [...] auf zu seinem Seinkönnen. Der Aufruf ist vorrufender Rückruf [...] in die Möglichkeit, selbst das geworfene Seiende, das es ist, existierend zu übernehmen. [32]

Es geht also darum, seine eigene Geworfenheit und damit die existenzielle Grundstruktur, sich selbst entwerfen zu müssen, wieder zu übernehmen. Oder um es einfacher zu sagen: Es geht darum, den Aufgabe-Charakter des Lebens zu akzeptieren und sich zu diesem zu bekennen. Nach Heidegger hat das Leben selbst die Tendenz, uns zur Übernahme des Lebens zu ermutigen. Deshalb ist der Mensch gleichzeitig derjenige, der gerufen wird, und derjenige, der ruft. Heidegger formuliert das so:

Der Ruf kommt *aus* mir und doch *über* mich. [33]

Dass unser Dasein sich selbst in die Verantwortung ruft, ergibt sich aus der existenzialen Struktur der Sorge als dem Grundcharakter des menschlichen In-der-Welt-seins.

Das Gewissen *offenbart sich als Ruf der Sorge:* Der Rufer ist das Dasein, sich ängstigend [...] um sein Sein-können. [34]

Wichtig ist jetzt aber, so Heidegger, dass wir diesem Ruf auch Folge leisten und uns nicht verschließen. Wir müssen dafür bereit sein, ihn zu hören und die von ihm ausgehende Aufforderung als Chance begreifen:

Das rechte Hören des Anrufs kommt dann gleich einem Sichverstehen in seinem eigensten Seinkönnen, das heißt dem Sichentwerfen auf das *eigenste* eigentliche Schuldigwerdenkönnen. [35]

Was meint er damit? Er meint, dass wir erst dann, wenn wir uns angesichts des ‚Nichts' dafür entscheiden, leben zu wollen, unsere Verantwortung für unser Leben und unsere Entscheidungen wirklich übernehmen. Dazu ist jedes Dasein prinzipiell in der Lage. Niemand darf und kann sich darauf hinausreden, dass er diesen Ruf nicht hört oder nicht versteht, denn so Heidegger:

Das Dasein ist rufverstehend hörig seiner *eigensten Existenzmöglichkeit.* [36]

Mit dem richtigen Hören des Rufes entscheidet sich, ob wir unser Leben entschlossen und verantwortungsvoll leben oder im uneigentlichen Modus des anonymen ‚man' verbleiben wollen. Dabei hat jeder die Chance, sich selbst zu wählen:

Mit dieser Wahl ermöglicht sich das Dasein sein eigenstes Schuldigsein, das dem Man-selbst verschlossen bleibt. [37]

Eigentliches und uneigentliches Dasein

Menschliches Dasein zeichnet sich nach Heidegger also dadurch aus, dass es nicht einfach nur ‚da' ist wie ein Stein, also im Sinne der bloßen Vorhandenheit, sondern dergestalt, dass es sein ‚da' zu ‚sein' hat. Das Leben lebt sich nicht von allein, es muss gelebt werden. Wir selbst entscheiden darüber, wie und auf welche Weise wir es tun, wie wir es gestalten, wie wir ‚da' sind. Wir können dies aber in einer eigentlichen oder uneigentlichen Weise tun. Heidegger spricht deshalb vom Dasein als einem Seinkönnen, da es sich zum eigenen Sein als einer Möglichkeit seiner selbst verhält. Es ist sich selbst vorstellig oder wie es Heidegger nennt: erschlossen.

Das Dasein ist seine Erschlossenheit. [38]

Das gilt, wie bereits gezeigt, auch dann, wenn unser Leben völlig fremdbestimmt ist und wir uns von andern diktieren lassen, wie wir zu leben haben und im anonymen ‚man' verbleiben. In diesem Fall erschließen wir unser Leben als ein von anderen vorbestimmtes Leben.

Beispielsweise kann es passieren, dass ein Kind in einer streng religiösen puritanischen Familie groß wird, die den Gebrauch industrieller Technik ablehnt und wie vor hundert Jahren mit dem vorgespannten Ochsen das Feld pflügt. Wenn das erwachsene Kind dann ein Leben lang das Regelwerk und die enge Bindung an die Gemeinde beibehält, obgleich es eigentlich fremde Länder entdecken und Ingenieur werden wollte, hat es dennoch die Welt auf seine Weise erschlossen. In diesem Fall erschließt sich das Dasein nicht als es selbst, sondern als eines, das aus Furcht, Bequemlichkeit oder Schwäche das tut, was ‚man' von ihm erwartet. Es hat sich für die Möglichkeit eines uneigentlichen Daseins entschieden:

> Das Dasein versteht sich selbst immer aus seiner Existenz, einer Möglichkeit seiner selbst, es selbst oder nicht es selbst zu sein. Diese Möglichkeiten hat das Dasein entweder selbst gewählt

oder es ist in sie hineingeraten oder je schon darin aufgewachsen. Die Existenz wird in der Weise des Ergreifens oder Versäumens nur vom jeweiligen Dasein selbst entschieden. [39]

Der Mensch steht somit ein Leben lang in dem Spannungsfeld, sein Dasein entschlossen zu übernehmen, sich zu wählen oder es nicht zu tun, denn das Leben selbst hat, so Heidegger, diesen Möglichkeitscharakter:

Und weil Dasein wesenhaft je seine Möglichkeit ist, *kann* dieses Seiende in seinem Sein sich selbst ‚wählen', gewinnen [...] Verloren haben kann es sich nur und noch nicht sich gewonnen haben kann es sich nur,

> sofern es seinem Wesen nach mögliches *eigentliches,* das heißt sich zuzeigen ist.
> Die beiden Seinsmodi *Eigentlichkeit* und *Uneigentlichkeit* [...] gründen darin, dass Dasein überhaupt durch Jemeinigkeit bestimmt ist. [40]

Eigentlichkeit und Uneigentlichkeit sind ‚Seinsmodi', also Möglichkeiten, die das Dasein hat, sein Leben zu gestalten. Jemeinigkeit bedeutet dabei nur, dass es je meine eigene Entscheidung ist, ob und wie ich mein Leben lebe. Aber unabhängig davon, wie ich mich entscheide, ich mache das Leben durch meine Wahl zu meinem eigenen Leben. Dadurch unterscheidet sich mein Leben wesentlich von dem der anderen, die wiederum ihr Leben zu dem ihrigen machen. Aufgrund der Jemeinigkeit kann ich allerdings auch nie wirklich erfahren, wie die anderen ihr Dasein erschlossen haben und weiter erschließen werden, für meines aber bin ich voll und ganz verantwortlich.

Daraus ergibt sich etwas, das Heidegger ‚Schuld' nennt, nämlich die existenzielle Schuld jedes Einzelnen, für das geradezustehen, was er gewählt hat. Schuld in diesem Sinne hat nichts mit Sünde zu tun. Der Mensch wird im existenziellen Sinne nicht schuldig vor Gott. Er wird auch nicht schuldig, weil er ab und zu gegen Gesetze oder moralische Übereinkünfte verstößt:

> Wesenhaft schuldig ist das Dasein auch *nicht zuweilen* und *dann wieder nicht* schuldig. [41]

Schuldig werden am eigenen Dasein

Im existenziellen Sinne wird das Dasein also ständig und dauerhaft schuldig. Denn der Mensch muss, so Heidegger, permanent Entscheidungen treffen, einzelne Entfaltungsmöglichkeiten wahrnehmen und andere ausschließen. So kann man beispielsweise, wenn man Mathematik studiert, nicht gleichzeitig auf die Schauspielschule gehen, ein Pianist, Fußballer oder Politiker werden. Würden wir ewig leben, wäre das kein Problem. Wir könnten einfach alle uns attraktiv erscheinenden Ausbildungen und Berufe der Reihe nach durchlaufen, unzählige wunderbare Lebenspartner aus allen Kulturkreisen kennenlernen und heiraten, in der Wüste, am Meer oder in den Bergen wohnen, denn unsere Entscheidungen wären keine Ent-Scheidungen im Sinne des Ausscheidens anderer Möglichkeiten. Als ewig Lebende könnten wir ja alles in der Unendlichkeit der Zeit nachholen.

Anstelle der existenziellen Entscheidungen würde dann aber die völlige Beliebigkeit treten. Im menschlichen Leben ist dies aber radikal anders. Da unser Dasein, wie Heidegger nüchtern feststellt, ein ‚Sein zum Tode' ist, bekommt jeder Augenblick seinen besonderen Wert. So manche Gelegenheit gibt es im Leben nur ein einziges Mal. Das, wogegen wir uns entschieden haben, lässt sich nicht einfach später nachholen.

Deshalb kann Heidegger sagen, dass wir je schon immer schuldig werden und schuldig sind. Denn unabhängig davon, ob wir eine gute oder schlechte Lebensentscheidung getroffen haben, müssen wir dafür gerade stehen:

Das *Schuldigsein* gehört zum Sein des Daseins selbst, das wir primär als Seinkönnen bestimmen. Das Dasein ‚ist‘ ständig schuldig [...].[42]

Schuldig wird das Dasein im existenziellen Sinne also nicht gegenüber Gott, dem Gesetz oder der tradierten Moral, sondern gegenüber sich selbst und seinem Möglichsein. Wir sind verantwortlich für unser Leben und auch für unser nicht gelebtes Leben, für all die Möglichkeiten, die wir nicht ergriffen und unserem Dasein vorenthalten haben. Diese Art von

Schuld sollte der Mensch existenziell entschlossen übernehmen, indem er ,im Vorlaufen auf den Tod' den Horizont seiner Möglichkeiten und seines je eigenen Seinkönnens als Ganzes erschließt und dementsprechend handelt. Der Ruf des Gewissens hilft uns dabei, indem er uns zu dieser Übernahme und Wahl auffordert:

Der Ruf ist Ruf der Sorge [...]. Das rechte Hören des Anrufs kommt dann gleich einem Sichverstehen in seinem eigensten Seinkönnen, das heißt dem sich Entwerfen auf das eigenste

eigentliche Schuldigwerdenkönnen [...]. Mit dieser Wahl ermöglicht sich das Dasein sein eigenstes Schuldigsein, das dem Man-selbst verschlossen bleibt. [43]

Der eigentliche und uneigentliche Modus des Daseins unterscheidet sich also dadurch, dass derjenige, der dem anonymen 'man' verfallen ist, seine

Entscheidungen von anderen treffen lässt oder sich zumindest am Verhalten der anderen orientiert. Für seine Entscheidungen ist er aber, existenziell gesehen, trotzdem verantwortlich, auch wenn er andere entscheiden lässt und damit sein je eigenes Schuldig-werden-Können verfehlt. Denn auch ein Nicht-Wählen ist eine Wahl.

Derjenige, welcher aus der Erschlossenheit seines endlichen Daseins heraus sein Selbst-sein-Können übernimmt, erreicht nach Heidegger ein je eigenes Schuldig-werden-Können. Er bekennt sich zu seinen Entscheidungen angesichts der Endlichkeit und verleiht dadurch seinem gelebten Leben eine dichtere und intensivere Qualität:

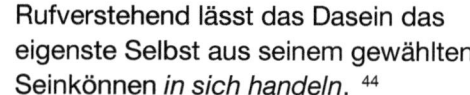

Rufverstehend lässt das Dasein das eigenste Selbst aus seinem gewählten Seinkönnen *in sich handeln*. [44]

Das durch die Strukturanalyse des Daseins sichtbar gewordene Ziel des Menschen muss sein, sich aus der verführerischen Geborgenheit des anonymen ‚man'

zu befreien und sich in seiner Eigentlichkeit zu erschließen.

Dies ist keine normative, idealistische oder moralische Idee und auch kein göttliches oder metaphysisches Ziel, sondern, darauf legt Heidegger allergrößten Wert, lediglich eine Schlussfolgerung aus der Struktur des Daseins selbst:

Die vorlaufende Entschlossenheit entstammt [...] nicht einer die Existenz und ihre Möglichkeiten überfliegenden ‚idealistischen' Zumutung, sondern entspringt dem nüchternen Verstehen faktischer Grundmöglichkeiten des Daseins. [45]

Der Mensch hat also prinzipiell die Chance, dem Sorgecharakter des Daseins entsprechend, sein Leben entschlossen zu gestalten. Da sich sein ganzes Leben unweigerlich im Horizont von Zeit abspielt, gehört dazu auch die Annahme und Einbeziehung der Endlichkeit.

Heidegger hat mit diesem Ergebnis in seinem Buch ‚Sein und Zeit' die Frage nach dem ‚Sinn von Sein' natürlich noch nicht beantwortet. Er wollte daher die Frage nach dem Sinn von Sein in einem geplanten zweiten Teil weiterverfolgen. Dieser wurde aber nie geschrieben. Immerhin hat er in ‚Sein und Zeit' den Sinn des Lebens ein Stück weit phänomenologisch entschlüsselt, zumindest soweit, wie er sich aus der existenzialen Struktur für das einzelne Dasein ergibt.

Dabei hat er die Existenzialien des In-der-Welt-seins, der Befindlichkeit, der Sorge, der Erschlossenheit, des Seins zum Tode und die Möglichkeit zu Eigentlichkeit und Uneigentlichkeit angesichts der Angst vor dem Nichts herausgearbeitet. Der Sinn des menschlichen Lebens besteht also letztlich darin, im Horizont von Zeit angesichts der Endlichkeit ein eigentliches, selbst gewähltes Leben zu führen.

Doch dabei blieb es nicht. In einer ganzen Reihe von

Vorlesungen, Aufsätzen und Vorträgen widmete sich Heidegger auch der gesellschaftlichen und geschichtlichen Entwicklung, denn auch diese gehört zum Sein als der Ganzheit der Welt.

In den einzelnen historischen Epochen entbirgt sich, so Heidegger, ein jeweiliges ‚Seinsgeschick'. Das heißt nicht, dass der einzelne Mensch nicht dennoch für sein Leben verantwortlich ist, wohl aber, dass die Menschheit die Welt in den verschiedenen Epochen sehr unterschiedlich wahrnimmt. Ähnlich wie das einzelne Dasein der Uneigentlichkeit verfallen kann, können auch ganze Nationen und Gesellschaften eine falsche oder zumindest eingeschränkte Sichtweise der Welt entwickeln. Heutzutage laufen wir Gefahr, so Heidegger, von einer rein technischen Wahrnehmung der Welt überrollt zu werden und die Offenheit für den Sinn von Sein zu verlieren.

Der Mensch unter dem Gestell der Technik und die Kehre

Unter Technik versteht man im alltäglichen Wortge-
brauch alle mechanischen, elektronischen oder sons-
tigen Hilfsmittel, die der Mensch entwickelt hat, um
das Leben komfortabler zu machen. Solche Hilfsmittel sind Werkzeuge wie beispielsweise ein Hammer,
eine Bohrmaschine, ein Computer oder auch technische Verfahren, wie die Gewinnung von Eisen in
Hochöfen. Alle diese Hilfsmittel dienen seit jeher, so
Heidegger, der Erreichung eines Zweckes:

> Auch das Kraftwerk ist mit seinen
> Turbinen und Generatoren ein von
> Menschen gefertigtes Mittel zu
> einem von Menschen gesetzten
> Zweck. Auch das Raketenflugzeug,
> auch die Hochfrequenzmaschine
> sind Mittel zu Zwecken. [46]

Doch heute, zweihundert Jahre nach dem Beginn der
industriellen Revolution, ist die Technik weit mehr,

als nur ein Hilfsmittel zum Zwecke der Naturbeherrschung. Die Technik hat inzwischen, so Heidegger, einen derart atemberaubenden Siegeszug angetreten, dass sie unsere gesamte Wahrnehmung der Welt beeinflusst und verändert hat. Wir sehen die Natur, die Welt und sogar uns selbst nicht mehr unvoreingenommen, sondern nur noch unter dem instrumentellen Aspekt der Machbarkeit. Die einzige Frage lautet: Was kann man wie und auf welche Weise möglich machen? Mit welchen Verfahren können wir noch erfolgreicher und effizienter produzieren?

> Die Technik ist also nicht bloß ein Mittel. Die Technik ist eine Weise des Entbergens. [47]

Diese neue Art und Weise, wie wir die Welt entbergen und wahrnehmen, nennt Heidegger ,stellen'. Wir stellen die Natur, wie der Jäger das Wild stellt, wie man einen Feind stellt oder das Weichenstellwerk eines Zuges. Wir geben allem und jedem eine ganz bestimmte Ausrichtung. Dieses Stellen bleibt nach Heidegger nicht ohne Folgen:

Ackerbau ist jetzt motorisierte Ernährungsindustrie. Die Luft wird auf die Abgabe von Stickstoff gestellt, der Boden auf Erze, das Erz z.B. auf Uran, dieses auf Atomenergie, die zur Zerstörung oder friedlichen Nutzung entbunden werden kann. [48]

Dabei, so Heidegger, besteht die große Gefahr, dass die Menschen selbst unter das ‚Ge-stell' der Technik geraten und zu ‚Ge-stellten' werden, die dann ihre Mitmenschen und die gesamte Welt nur noch funktional begreifen können.

Ge-stell heißt das Versammelnde jenes Stellens, das den Menschen stellt, d.h. herausfordert, das Wirkliche in der Weise des Bestellens als Bestand zu entbergen. [49]

Wir entbergen unsere Welt nur noch als Bestand im Sinne einer Bestandsaufnahme, indem wir alles und jedes berechnen. Unter dem Ge-stell des Experimentes s t e l l t beispielsweise der Wissenschaftler der Natur ganz spezifische Fragen und bekommt auch nur die vorbestellten Antworten. Der eigentliche Sinn von Sein bleibt ungefragt und im Verborgenen. Heidegger spricht in diesem Zusammenhang auch von der ‚Seinsvergessenheit'. Wir erschließen das Leben und den Sinn des Lebens nur noch unter dem Blickwinkel der Machbarkeit, werden betriebsblind und vergessen alle anderen Aspekte. Diese Seinsvergessenheit hat inzwischen sämtliche Bereiche des menschlichen Lebens erfasst. Das technisch-naturwissenschaftliche Denken hat sich, so Heidegger, als einzig anerkanntes Denken etabliert. Ihr Kern ist das Rechnen.

Das berechnende Denken beherrscht inzwischen nicht nur den Umgang mit der Natur, sondern auch den Umgang mit dem Menschen, indem es eine ganze Reihe von Sozialtechniken umfasst. Alles Denken folgt, so Heidegger, einem einzigen Motto, dem Satz von Leibnitz: ‚Nihil est sine ratione', nichts ist ohne Grund. Für alles und jedes muss es einen Grund geben. Jede Idee, jede Theorie, jede These und Aussage muss rational begründet werden, das heißt, muss berechenbar sein:

> Nichts ist ohne Grund. Der Satz sagt jetzt: Jegliches gilt dann und nur dann als seiend, wenn es für das Vorstellen als ein berechenbarer Gegenstand sichergestellt ist. [50]

So bestimmt der Satz ‚Nichts ist ohne Grund' das Wesen unseres Zeitalters. Jedes Kind in der Schule weiß bereits, dass es seine Meinung immer begründen können muss, dass alles berechenbar und nachvollziehbar sein muss. Jede Forschungsabteilung weiß, dass es darauf ankommt, noch effizientere Maschinen zu berechnen und zu konstruieren. Diese Logik der Machbarkeit verselbständigt sich:

> Die moderne Technik treibt in die größtmögliche Perfektion. Die Perfektion beruht auf der durchgängigen Berechenbarkeit der Gegenstände. [51]

Allerdings, so Heidegger, verführen die Triumphe der Technik dazu, alles, was berechnet werden kann, auch gleichsam als sinnvoll zu erachten und umzusetzen. So beobachtete Heidegger im Jahre 1957 sehr kritisch die große Begeisterung hinsichtlich der Atomkraft, die laut Berechnungen ‚absolut sicher' sei und endlich eine Welt ohne Sorgen ermöglichen könne. Interessanterweise, so Heidegger, wird in der allgemeinen Euphorie gleich das ganze heraufziehende Zeitalter nach dieser neuen Technik benannt. Auch das zeigt, so Heidegger, wie sehr wir hinsichtlich der Sinnsuche bereits ‚Ge-stellte' der Technik sind und die Welt nur noch unter dem Gesichtspunkt der Machbarkeit entbergen. An die Stelle des Zeitalters der Aufklärung und des Humanismus tritt jetzt das Zeitalter der Atomenergie:

> Die Menschheit tritt in das Zeitalter ein, dem sie den Namen ‚Atomzeitalter' gegeben hat. Ein kürzlich erschienenes, für die breite Öffentlichkeit berechnetes Buch trägt den Titel: ‚Wir werden durch Atome leben'. Das Buch ist mit einem Geleitwort des Nobelpreisträgers Otto Hahn und mit einem

Vorwort des jetzigen Verteidigungsministers Franz Josef Strauß versehen. Am Schluss der Einführung schreiben die Verfasser der Schrift: ‚Das Atomzeitalter kann also ein hoffnungsvolles, glückliches Zeitalter werden, ein Zeitalter, in dem wir durch Atome leben werden. Auf uns kommt es an!'. [52]

Heidegger hält die Begeisterung des Atomphysikers Otto Hahn und des damaligen Verteidigungsministers Franz Josef Strauß, dass wir künftig ‚durch Atome leben werden', angesichts der Gefahren dieser Energiequelle für höchst bedenklich und antwortet mit beißender Ironie:

Allerdings - auf uns kommt es an; auf uns und einiges andere kommt es an, darauf nämlich, ob wir uns noch besinnen, ob wir uns überhaupt noch besinnen wollen und können. [53]

Das Denken des Atomphysikers und des Verteidigungsministers, so fährt er fort, sei besinnungslos. Wenn wir überleben wollen, müssen wir, so Heidegger, jenseits der rein instrumentellen Vernunft des rechenden Denkens ein anderes Denken wagen, das wieder das Ganze in den Blick nimmt:

> Sollen wir indes auf einen Weg der Besinnung gelangen, dann müssen wir allem zuvor uns erst in eine Unterscheidung finden, die uns den Unterschied zwischen dem bloß rechnenden Denken und dem besinnlichen Denken vor Augen hält.[54]

Um zu diesem neuen besinnlichen Denken zu gelangen, ist ein Abstoßen vom ‚Ge-stell' und damit der technischen Weltwahrnehmung notwendig, die sogenannte ‚Kehre'. Allerdings kann diese Kehre nicht allein die Tat des Menschen sein. Sie ist ebenso ein ‚Seinsgeschick', wie die Technik und das wissenschaftliche Denken selbst. Denn auch die technische Wahrnehmung der Welt unter dem Gesichtspunkt der Machbarkeit ist nicht Teufelswerk, sondern nur eine von vielen Epochen der menschlichen Geschichte, die nach und nach herangereift ist. Doch, so Heideggers Hoffnung, vielleicht wird gerade die totale Aufgipfelung der Technik mit den einhergehenden Katastrophen am Ende ein neues besinnliches Denken hervorbringen. Die innere Dynamik der Kehre verdeutlicht Heidegger mit einem Satz des Dichters Hölderlin:

> Wo aber Gefahr ist, wächst das Rettende auch. [55]

Damit ist gemeint, dass die technische Interpretation der Welt selbst an ihre Grenzen kommt und ein anderes Denken freisetzt. Dass dies möglich ist, steht für Heidegger außer Frage. In der Kunst und in der Dichtung gibt es bereits Formen eines des nicht-technischen Denkens und Entbergens der Wahrheit. So erschließen sich beispielsweise Künstler einen spirituellen Zugang zur Welt, der radikal jenseits der berechnenden Wahrnehmung angesiedelt ist. Denn gerade die Produkte der Künstler, z.B. Bilder und Musikstücke, kann man nicht am Nutzen messen.

Gleichwohl erschließen und entbergen sie die Welt:

So wäre denn das Wesen der Kunst dieses: das sich ins Werk setzen der Wahrheit des Seienden. [56]

Kunst ist also, nach Heidegger, ‚ins Werk gesetzte Wahrheit'. Unter Wahrheit versteht er etwas ganz Einfaches. Wie die alten griechischen Philosophen definiert er Wahrheit als ‚Aletheia', als Unverborgenheit. Der Mensch hat als existierendes Wesen die prinzipielle Möglichkeit, in der ‚Lichtung des Seins' die Unverborgenheit wahrzunehmen. Denn der Mensch, so Heidegger, existiert in dem Sinne, dass er als ekstatisches Lebewesen in die Unverborgenheit oder wie er auch sagt, in die Lichtung des Seins hineinsteht oder hineingehalten ist. Ein besinnliches Denken ermöglicht es uns, wieder offen zu werden, für die Wahrheit als Unverborgenheit, jenseits des Gestells der Technik.

Was nützt uns Heideggers Entdeckung heute?

Offenheit für das Geheimnis im Zeitalter der Technik

Was nützt uns Heideggers Warnung vor der Technik? Heidegger war kein Technik- oder Fortschrittsgegner. Er wusste, dass die zunehmende technische Beherrschung der Welt nicht aufzuhalten ist. Seit es Menschen auf der Erde gibt, wird experimentiert, ausprobiert und geforscht. Die Neugierde und das Bedürfnis, alles zu verstehen und zu beherrschen, gehört ebenso zum menschlichen Dasein, wie die daraus hervorgehenden Wissenschaften:

> Wissenschaften sind Seinsweisen des Daseins, in denen es sich auch zu Seiendem verhält [...]. [57]

So ist also auch die Naturwissenschaft und die daraus hervorgehende technische Welterschließung eine Seinsweise des Menschen, um das Seiende, also die Natur, zu verstehen und zu beherrschen. Heidegger erkannte durchaus die ungeheuren Leistungen der Technik. Wenn er dennoch ein Umdenken, beziehungsweise eine ‚Kehre' fordert, meint er damit nicht die Rückkehr in die vorindustrielle Gesellschaft, sondern eine ‚Kehre' hinsichtlich der Seinsvergessenheit. Es besteht nämlich die Gefahr, dass die technische Wahrnehmung der Welt jeden anderen Zugang verstellt. Heidegger empfiehlt hier die Geisteshaltung der „Offenheit für das Geheimnis" und der „Gelassenheit", wonach wir einerseits die Vorzüge der Technik zulassen und annehmen können, andererseits uns aber nicht von ihnen überwältigen lassen. In der Offenheit und Gelassenheit haben wir die Chance, die Welt und uns selbst in einer Weise zu erschließen, die über die technische Wahrnehmung hinausgeht:

Ich nenne die Haltung, Kraft derer wir uns für den in der technischen Welt verborgenen Sinn offen halten: die Offenheit für das Geheimnis. Die Gelassenheit und die Offenheit für die Dinge gehören zusammen. Sie gewähren uns die Möglichkeit, uns auf eine ganz neue Weise in der Welt aufzuhalten. [58]

71

Gelassenheit und Offenheit für das Geheimnis besagt, dass wir, so Heidegger, die Welt sein lassen können, damit sie sich so offenbaren kann, wie sie ist, und nicht nur so, wie wir meinen, dass sie zu sein hat. Nur wenn man die Dinge sein lassen kann, öffnet sich der Blick für die wesentlichen Aspekte des Lebens.

Vor allem dürfen wir unser Selbstverständnis nicht allein aus der Technik beziehen. Konkret kann man Heidegger so auslegen, dass wir den Computer, das Internet, das Fernsehen und die Handys durchaus nutzen können, dass wir aber darüber nicht unser Leben definieren dürfen. Es wäre im Sinne Heideggers fatal, wenn wir unsere Identität nur noch unter dem Gestell medialer Präsenz und Präsentationen auf Facebook und anderer virtueller Datenplattformen aufrechterhalten könnten:

Wir können ‚ja' sagen zur unumgänglichen Benützung der technischen Gegenstände, und wir können zugleich ‚nein' sagen, indem wir ihnen verwehren, dass sie uns ausschließlich beanspruchen und so unser

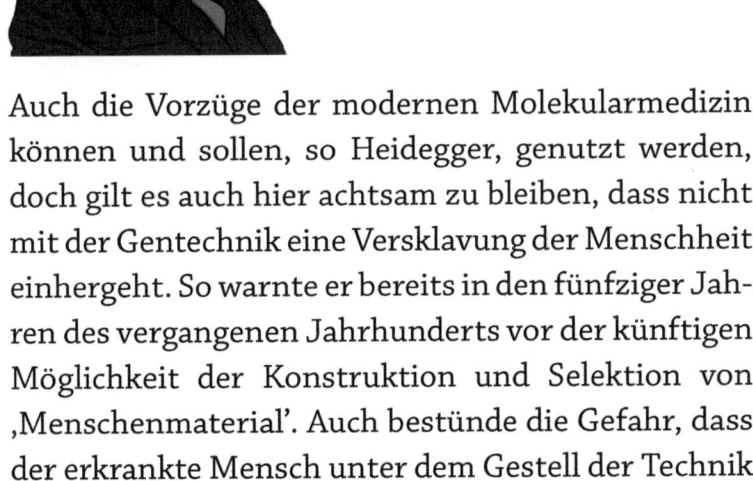

Wesen verbiegen, verwirren und zuletzt veröden [...]. Wir lassen die technischen Dinge in unsere tägliche Welt hinein, und lassen sie zugleich draußen, d.h. auf sich beruhen, als Dinge, die nichts Absolutes sind, sondern selbst auf Höheres angewiesen bleiben. [59]

Auch die Vorzüge der modernen Molekularmedizin können und sollen, so Heidegger, genutzt werden, doch gilt es auch hier achtsam zu bleiben, dass nicht mit der Gentechnik eine Versklavung der Menschheit einhergeht. So warnte er bereits in den fünfziger Jahren des vergangenen Jahrhunderts vor der künftigen Möglichkeit der Konstruktion und Selektion von ‚Menschenmaterial'. Auch bestünde die Gefahr, dass der erkrankte Mensch unter dem Gestell der Technik in den Hightech-Krankenhäusern zu ‚Klinikmaterial' und bloßem Bestand degradiert werde.

Wir müssen bei aller Nutzung der Technik unsere Sinne wieder öffnen. Wenn sich diese Kehre im Denken nicht einstellen sollte, werden wir zunehmend der Seinsvergessenheit verfallen. Auch die Philosophie ist nach Heidegger an der Seinsvergessenheit unter dem Gestell der Technik beteiligt. Über Jahrhunderte hat sie den Menschen ausschließlich als das ‚animal rationale' definiert, was nicht folgenlos blieb:

> Der Mensch ist das rechnende Lebewesen [...]. Dieses Denken hat als neuzeitlich-europäisches die Welt in das heutige Weltalter, das Atomzeitalter, gebracht. [60]

Wenn wir die Kehre nicht vollziehen und es uns nicht mehr gelingt, uns in der Stimmung der Offenheit und Gelassenheit vom Sein ansprechen zu lassen, werden wir irgendwann durch das rechnende Denken so ‚behext', dass wir auf Dauer am Denkwürdigen vorbeidenken. Das Denkwürdige aber ist das Sein selbst, also die Welt als Ganzes, das Leben selbst, dessen Sinn unter dem Ge-stell der Technik verborgen bleibt:

Dürfen wir, wenn es so stehen sollte, dieses Denkwürdige preisgeben zugunsten der Raserei des ausschließlich rechnenden Denkens und seiner riesenhaften Erfolge? [...] Das ist die Frage. Es ist die Weltfrage des Denkens. An ihrer Beantwortung entscheidet sich, was aus der Erde wird und was aus dem Dasein des Menschen auf dieser Erde. [61]

Kein Zweifel – Heidegger stellt hier möglicherweise die Schicksalsfrage der Menschheit im 21. Jahrhundert. Werden wir der Raserei des ausschließlich rechnenden Denkens verfallen, oder gelingt es uns, der Arithmetik der Machbarkeit, der Kapital- und Profitinteressen ein neues Selbstverständnis entgegenzusetzen?

Das voranschreitende ökologische Bewusstsein der Menschheit und der Gedanke der Nachhaltigkeit mögen erste Schritte einer Kehre aus der Seinsvergessenheit sein, doch nach wie vor stehen wir angesichts technischer Katastrophen und der rigorosen Ausbeutung der letzten Ressourcen am Scheideweg. So ist auch Heideggers Mahnung, uns nicht länger als ‚Herren', sondern als die ‚Hüter des Seins' zu verstehen, von drängender Aktualität.

Angst gehört zum Leben – der Möglichkeitscharakter des Daseins

Eine weitere nicht zu unterschätzende Leistung Heideggers war die Enttabuisierung und Rehabilitierung der Angst. Galt es vor Heidegger als schwächlich, kränklich oder ‚unmännlich' Angst zu haben, ist im Gefolge seiner Daseinsanalytik und seiner Auseinandersetzung mit dem Phänomen Angst ein aufgeklärter und positiver Umgang mit dieser Stimmung möglich geworden.

Heidegger inspirierte sogar eine eigene therapeutische Bewegung, die sogenannte existenzielle Psychoanalyse oder auch Daseinsanalyse, die seine philosophischen Erkenntnisse aus ‚Sein und Zeit' aufgegriffen und umgesetzt hat.

Namhafte Psychiater, Neurologen und Psychoanalytiker wie Medard Boss oder Ludwig Binswanger behandelten ihre Patienten auf der Grundlage von Heideggers existenzialen Daseinsstrukturen. Sie sahen psychische Krankheiten als Folge eines uneigentlichen und nichtgelebten Lebens und versuchten den Patienten ihre Eingebundenheit in das ‚man', ihre daraus resultierenden Zwänge und Irrwege zu spiegeln, um ihnen eine neue Offenheit für das Leben zu ermöglichen.

Hierzu erstellten sie im Sinne Heideggers eine phänomenologische Bestandsaufnahme des jeweiligen In-der-Welt-seins des Patienten, um seine Lebenswirklichkeit und Befindlichkeit umfassend zu erschließen und ihn in die Lage zu versetzen, seine Gefühle, insbesondere seine Angst zuzulassen, um ihn am Ende, bei gelingender Therapie, wieder in seine Eigentlichkeit zu bringen. Noch heute spielt in vielen psychotherapeutischen Behandlungsmethoden die Befreiung aus den Zwängen des anonymen ‚man' und das Zulassen der Angst eine große Rolle.

Heidegger ist es zu verdanken, dass wir die Angst im 21. Jahrhundert nicht mehr als Charakterfehler, Schwäche oder Deformation sehen, sondern als ein anthropologisches Wesensmerkmal, das zur Lebensbewältigung der Menschen unabdingbar dazu gehört:

Die Angst [...] entspringt aus dem Dasein selbst. [62]

Angst gehört zum Leben. So gibt es kaum einen Menschen, der nie vor dem Problem stand, dass er seine Lebensaufgaben über kurze oder längere Zeit nicht mehr übernehmen konnte. Jeder kennt die Furcht vor dem Verlust des Arbeitsplatzes oder vor der Trennung und dem Verlassenwerden durch den Lebenspartner oder vor Einsamkeit, Krankheit, Alter und Tod. Manchmal verdichten sich lebensgeschichtliche Probleme zu einer nicht mehr konkretisierbaren Existenzangst. Man hat dann das Gefühl, die Aufgabe des Lebens nicht mehr übernehmen zu können. Doch genau diese unheimliche Angst vor dem In-der-Welt-sein selbst hat bei aller Bedrohlichkeit tatsächlich auch einen positiven Aspekt.

Es ist Heideggers Verdienst, diesen aufgezeigt zu haben. Bei aller Bedrohlichkeit, die die Stimmung der Angst in uns auslöst, da sie uns die radikale Möglichkeit des Nicht-Seins vor Augen führt, hat sie doch auch einen befreienden Kern. Sie offenbart uns unsere ureigenste Freiheit, uns entschlossen in das Nichts setzen zu können:

> Die Angst offenbart im Dasein das *Sein* zum eigensten Seinkönnen, das heißt sein *Freisein für* die Freiheit des Sich-selbst-wählens und -ergreifens. [63]

Somit erschließt die Angst den Möglichkeitscharakter des Lebens als ein prinzipielles Freisein für das Bekenntnis zum eigenen Leben:

> Und weil Dasein je wesenhaft seine Möglichkeit ist, *kann* dieses Seiende in seinem Sein sich selbst ,wählen' [...]. [64]

Es mag seltsam klingen, aber gerade das Angst-Kapitel in ,Sein und Zeit' kann tatsächlich ermutigend wirken. Jeder, der schon einmal in einer solchen

Stimmung war, sich verlassen fühlte und die subversive Angst vor der Übernahme des eigenen Lebens gespürt hat, weiß, dass man aus der Begegnung mit dem Grund auch gestärkt hervorgehen kann. So manche Aufregung, Sorge und Furcht, die einem vorher wichtig vorkam, wird schlagartig relativiert. Umgekehrt kann man den Blick schärfen für das, was wichtig ist. Angst kann auch ein Hinweis sein, dass etwas so, wie es ist, nicht sein soll und dass ein ganz neuer Weg beschritten werden muss. Dazu kann es in bestimmten Fällen auch ärztlicher Hilfe bedürfen. Fest steht aber: Die Angst als herausragende Stimmung gehört zum Sorgecharakter des Daseins und somit zum Leben selbst. Das hat uns Heidegger eindrucksvoll gezeigt.

Ausbrechen aus dem anonymen ‚man'

Wenn wir die Frage stellen, ‚was nützt uns Heideggers Entdeckung heute noch?', dann gehört zu einer vollständigen Antwort auch die Aktualität seines Aufrufs zur Eigentlichkeit. Gerade in den modernen Gesellschaften gibt es aufgrund der fortschreitenden Ökonomisierung und der totalen medialen Durchdringung zunehmende und immer tiefer greifende Konformitätszwänge, die uns zum uneigentlichen Seinsmodus des anonymen ‚man' verführen.

Befristete und unsichere Arbeitsverhältnisse erzwingen immer größere Anpassungsleistungen. ‚Man' ist flexibel, ‚man' ist motiviert, ‚man' scheut weder weite Fahrtwege noch einen Wechsel des Wohnsitzes.

‚Man' ist, was man verdient und ‚man' verdient, was man ist. Die zunehmend ökonomischen Imperative eines möglichst kurzen und effizienten Studiums zur Steigerung der Karriere- und Einkommenschancen tun ein Übriges. Das Bildungssystem droht in vielen Ländern zu verarmen und die Studenten und Schüler an das anonyme ‚man' der Produktionsgesellschaft auszuliefern. ‚Man' darf keine Zeit verlieren. ‚Man' muss im Ausland ein Praktikum machen, ‚man' muss sich möglichst jung und möglichst spezialisiert auf dem Arbeitsmarkt bewähren.

Millionen sogenannter ‚Profile' auf der ‚Facebook'-Seite und in anderen sozialen Netzwerken folgen idealtypischen Klischees, die ‚man' bedienen muss, um interessant und attraktiv zu wirken. Verstärkt wird die Verfallenheit an das ‚man' durch Casting-Shows und andere Unterhaltungsangebote, in denen vor einem Millionenpublikum eindimensional illustriert wird, was ‚man' benötigt, damit ‚man' Erfolg hat.

Eigentliches Dasein als selbst gewähltes je eigenes Sein-können scheint zunehmend weniger in die vorgegebenen materiellen Produktionsanforderungen der Gesellschaft zu passen. Das anonyme ‚man' ist, wenn nicht auf dem Vormarsch, so doch von großer Gravitationskraft. Heidegger ermutigt uns, das Wagnis der Eigentlichkeit einzugehen und auf den Ruf des Gewissens zu hören, das uns aus dem uneigentlichen Modus in die Eigentlichkeit zurückruft. Dabei ist es das Dasein selbst, das uns in die Verantwortung ruft:

Das Dasein ist rufverstehend *hörig seiner eigensten Existenzmöglichkeit.* [65]

Ist das aber wirklich nachvollziehbar? Ruft das Dasein sich tatsächlich selbst in seine Eigentlichkeit? Gibt es diese innere Stimme, oder sind all das nur schöne Formulierungen und hochtrabende Worte?

Der Dialektiker Adorno kritisierte Heideggers Philosophie als ‚Jargon der Eigentlichkeit'. Heidegger verstecke sich hinter rein formalen Bestimmungen und gebe den Menschen letztlich keine rational nachvollziehbaren Entscheidungskriterien. Deshalb sei seine Philosophie auch unpolitisch, da sie sich nur mit Existenzialien, aber nicht mit Geschichte, Menschenrechten und politischem Kampf um Freiheit befasse. So sei es auch kein Wunder, dass Heidegger während des Nationalsozialismus als Mitläufer das System unterstützt oder zumindest zugelassen habe.

Tatsächlich erhielt Heidegger nach dem Krieg ein sechsjähriges Lehrverbot, da er Mitglied der NSDAP war. Seine diesbezügliche Vergangenheit wird bis heute kontrovers diskutiert.

Fest steht, dass Heidegger im Mai 1933 in die NSDAP eingetreten ist und im April von den Nationalsozialisten zum Rektor der Universität Freiburg ernannt wurde. Persönlich überbrachte er damals seinem geistigen Ziehvater und Freund Professor Husserl dessen Entlassungsschreiben, weil dieser als Jude Lehrverbot erhielt. In seiner Antrittsrede pries Heidegger dann sogar den ‚Führerstaat als Vollendung der geschichtlichen Entwicklung' und blieb selbst dann noch bei seinem Enthusiasmus, als seine Schülerin und jüdische Geliebte, Hannah Arendt, 1933 nach Frankreich fliehen musste. Erst ein ganzes Jahr später, 1934, hat Heidegger nach der sogenannten „Blutnacht", in der tausende SA-Leute durch die SS ermordet wurden, nach eigener Auskunft erkannt, dass es der NSDAP nicht um eine alle Standesgrenzen aufhebende natürliche Volksgemeinschaft gehe, sondern um einen brutalen technokratischen Biologismus. Jetzt erst machte Heidegger eine Kehrtwende und trat als Rektor wieder zurück. Seine Vorlesungen wurden seitdem von den Nazis kritisch überwacht. Auch weigerte er sich, dem nationalsozialistischen Hochschulbund zu spenden. Heidegger hat sich also nach einem Jahr klar vom Nationalsozialismus abgewandt. Er hat sich aber zeitlebens nie wirklich zu seinem vorübergehenden Fehltritt geäußert. In jedem Fall bleibt die Frage, ob er als Philosoph nicht hätte emigrieren und in den Widerstand gehen müssen.

Sein Schüler Marcuse hat einmal gesagt, man dürfe den Menschen Heidegger nicht von seiner Philosophie trennen. Das tat seinem Werk jedoch keinen

Abbruch. ‚Sein und Zeit' wurde weltweit gelesen und Heidegger mit über 2000 Buchveröffentlichungen der meist diskutierte Denker im ausgehenden 20. Jahrhundert. Ungeachtet der bis heute andauernden Diskussionen, ob seine Biografie mit seinem Werk vereinbar ist und ob nicht seine Strukturanalyse des menschlichen Daseins generell zu unpolitisch sei, wurden insbesondere die französischen Existenzialisten und Strukturalisten stark von ihm beeinflusst.

Seine neue Sichtweise auf den Menschen, die Einbeziehung der Stimmungen, der Befindlichkeit und der Kerngedanke der existenziellen Erschlossenheit des Daseins ist zweifellos von zeitloser Bedeutung. Der Mensch, so hat uns Heidegger unmissverständlich klargemacht, hat immer die Möglichkeit, er selbst zu sein oder nicht er selbst zu sein. Dies ist der Stachel, den er gesetzt hat:

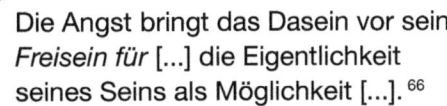

Die Angst bringt das Dasein vor sein *Freisein für* [...] die Eigentlichkeit seines Seins als Möglichkeit [...]. [66]

85

Der Ruf des Daseins in seine Eigentlichkeit ist letztlich keine bloß formale Bestimmung, sondern phänomenologisch nachvollziehbar. Heidegger wird nicht müde, immer wieder darauf hinzuweisen, dass wir unsere Erschlossenheit und somit unser In-der-Welt-sein in jeder Sekunde spüren können.

Die Stimmung hat je schon das In-der-Welt-sein als Ganzes erschlossen [...]. [67]

Wer von uns ein uneigentliches Leben führt, mag vielleicht nicht durchgehend unglücklich sein, aber er spürt von Zeit zu Zeit, dass in seinem Leben vielleicht mehr oder etwas anderes möglich wäre und hadert mit seinem Schicksal. Derjenige hingegen, der es schafft, seine ureigensten Lebenswünsche zu erkennen und sein Dasein daraufhin zu entwerfen, wird sich auch bei Hindernissen und Rückschlägen von seinem Weg nicht abbringen lassen. In der jeweiligen Befindlichkeit merken wir, wie es um uns steht, oder wie Heidegger sagt:

In der Befindlichkeit ist das Dasein immer schon vor es selbst gebracht, es hat sich immer schon gefunden, nicht als wahrnehmendes Sich-vorfinden, sondern als gestimmtes Sichbefinden. [68]

An unserer Befindlichkeit können wir also ablesen, ob wir aus unserer Mitte heraus leben oder ob wir uns verändern sollten.

Mit der Endlichkeit leben - entschlossen leben!

Heidegger empfiehlt uns, den Tod in das Leben mit einzubeziehen. Es sei nicht gut, den Tod ständig zu verdrängen und so zu tun, als würden wir ewig leben. Er legt uns sogar nahe, mit größter Offenheit mit der Wirklichkeit unseres persönlichen Ablebens umzugehen. Im freiwilligen ‚Vorlaufen auf den Tod' könnten wir die beängstigende aber gleichzeitig hilfreiche Erfahrung der Endlichkeit machen:

> *Das Vorlaufen enthüllt dem Dasein die Verlorenheit in das Man-selbst und bringt es vor die Möglichkeit, [...] es selbst zu sein, [...] in der leidenschaftlichen, von den Illusionen des Man gelösten, faktischen, ihrer selbst gewissen und sich ängstigenden Freiheit zum Tode.* [69]

Ist das attraktiv? Ist das nicht eher eine ziemliche Belastung und Einschränkung der Lebensqualität? Wer von uns hat schon Lust, jeden Tag an den eigenen Tod zu denken oder im ‚Vorlauf auf den Tod' seine Entscheidungen zu treffen? Heidegger spricht an der zitierten Stelle von der ‚leidenschaftlichen Freiheit zum Tode'.

Gerade weil es hier offenbar um eine leidenschaftliche Auseinandersetzung mit der eigenen Endlichkeit geht, ist nicht gemeint, dass wir alle fünf Minuten an den Tod denken und uns beispielsweise beim Kauf eines neuen Sofas unserer Endlichkeit bewusst werden müssen. Das wäre absurd und ginge auch gar nicht. Auch geht es keinesfalls darum, angesichts der beständigen Möglichkeit des Todes ‚jeden Tag so zu verbringen, als wäre er der letzte'. Auch dies wäre eine trivialisierende Auslegung des ‚Vorlaufens zum Tode', die am Kern der Daseinsanalyse vorbei geht.

Heidegger stellt von vorneherein klar, dass wir alle, und da bezieht er sich selbst mit ein, den Tod im Alltag ‚zumeist' völlig ausblenden:

Das alltäglich verfallende Ausweichen *vor* ihm, ist ein *uneigentliches Sein zum* Tode [...]. Uneigentlichkeit kennzeichnet eine Seinsart, in die das Dasein sich verlegen kann und zumeist auch immer verlegt hat, in die es sich aber nicht notwendig und ständig verlegen muss. [70]

Es geht also darum, dass sich das Dasein nicht ständig auf das Ausblenden der Endlichkeit verlegen sollte. Das ,Vorlaufen' ist also nur besonderen Augenblicken, Stimmungen oder auch Phasen im Leben vorbehalten. Dabei verweist Heidegger in seinem Spätwerk darauf, dass eine solche Begegnung mit dem Seinsganzen des Daseins in der Erfahrung der Endlichkeit nicht nur in der Stimmung der Angst erfolgen kann, sondern auch in der ,Gelassenheit'. Sobald es uns gelingt, unsere kleinen Sorgen, die Geldprobleme, den beruflichen Stress und die ganze alltägliche Betriebsamkeit s e i n z u l a s s e n, ist es möglich, das Leben in einem umfassenderen Licht zu sehen. Das ,Vorlaufen zum Tode' und das sich selbst Ergreifen ist als existenzielle Erfahrung insofern wichtig, als es eine Hilfestellung gibt, das Leben sinnvoll und entschlossen zu gestalten.

> *Nur Seiendes, das wesenhaft in seinem Sein z u k ü n f t i g ist, so dass es frei für seinen Tod an ihm zerschellend auf sein faktisches Da sich zurückwerfen lassen kann, [...] kann [...] die eigene Geworfenheit übernehmen und a u g e n b l i c k l i c h sein für ,seine Zeit'.* [71]

Wer zum Beispiel seine Endlichkeit komplett ausblendet, und sich als ‚ewig jung' und ‚unsterblich' entwirft, nimmt sich unter Umständen in seinem Lebensentwurf viel zu viel vor und leidet dann darunter, dass er seine Ziele nicht oder nur unvollständig erreicht. Er zieht dann eine ernüchternde Bilanz oder führt vielleicht bis zum Schluss ein gehetztes und rastloses Leben, dem jede innere Befriedigung und Ruhe versagt bleibt.

Umgekehrt kann man sich aber auch zu wenig vornehmen und damit bezahlen, dass man sich unterfordert. Man hat dann das Gefühl, dass man nichts geleistet und sein Leben verplempert hat. Deshalb ist es so wichtig, im Vorlaufen auf den Tod realistisch seine Möglichkeiten zu erschließen.

Das Einbeziehen der eigenen Endlichkeit hilft uns, neue Herausforderungen zu suchen und anzunehmen. Denn erst angesichts des Todes existiert das Dasein in voller Schärfe und übernimmt die Verantwortung für das Ergreifen und Nicht-Ergreifen der Möglichkeiten der Lebensgestaltung.

Über Heideggers Daseinsanalyse schwebt zwar immer etwas Düsteres, Schweres und Grüblerisches. Ihm ging es aber bei aller Betonung der Angst als unheimlicher Stimmung letztendlich immer darum, in positiver Weise den Möglichkeitscharakter des Daseins offen zu legen. Wenn er vom ‚Sein zum Tode' und vom ‚Gewissen-haben-wollen' spricht, intendiert er damit letztlich doch eine klare Lebensbejahung, die im entschlossenen Handeln gipfelt:

Das als Sein zum Tode bestimmte Gewissen-haben-wollen bedeutet [...] keine weltflüchtige Abgeschiedenheit, sondern bringt illusionslos in die Entschlossenheit des ‚Handelns'. [72]

Zitatverzeichnis

1   Zitat, Martin Heidegger, Sein und Zeit, Max Niemeyer Verlag, Tübingen 1979, S. 12, im Folgenden zitiert als ‚SuZ'

2   Zitat, SuZ, S. 7

3   Zitat, SuZ, S. 191

4   Zitat, SuZ, S. 50 f.

5   Zitat, SuZ, S. 4

6   Zitat, SuZ, S. 34

7   Zitat, SuZ, S. 62

8   Zitat, SuZ, S. 134

9   Zitat, SuZ, S. 191

10 Zitat, Martin Heidegger, Phänomenologische Interpretationen zu Aristoteles, Reclam Verlag, Stuttgart 2003, S. 14

11 Zitat, SuZ, S. 145

12 Zitat, SuZ, S. 145

13 Zitat, SuZ, S. 145

14 Zitat, SuZ, S. 259

15 Zitat, SuZ, S. 234

16 Zitat, SuZ, S. 258

17 Zitat, SuZ, S. 254

18 Zitat, SuZ, S. 263 f.

19 Zitat, SuZ, S. 115

20 Zitat, SuZ, S. 126 f.

21 Zitat, SuZ, S. 268

22 Zitat, SuZ, S. 268

23 Zitat, SuZ, S. 268

24 Zitat, SuZ, S. 187

25 Zitat, SuZ, S. 190 f. und 344

26 Zitat, SuZ, S. 187

27 Zitat, SuZ, S. 308

28 Zitat, SuZ, S. 286 f.

29 Zitat, SuZ, S. 188

30 Zitat, SuZ, S. 264

31 Zitat, SuZ, S. 273
32 Zitat, SuZ, S. 287
33 Zitat, SuZ, S. 275
34 Zitat, SuZ, S. 277
35 Zitat, SuZ, S. 287
36 Zitat, SuZ, S. 287
37 Zitat, SuZ, S. 288
38 Zitat, SuZ, S. 133
39 Zitat, SuZ, S. 12
40 Zitat, SuZ, S. 42 f.
41 Zitat, SuZ, S. 305
42 Zitat, SuZ, S. 305 f.
43 Zitat, SuZ, S. 286 ff.
44 Zitat, SuZ, S. 288
45 Zitat, SuZ, S. 310
46 Zitat, Martin Heidegger, Die Technik und die Kehre,
   Klett Cotta Verlag, Stuttgart 1962, S. 6,
   im Folgenden zitiert als „Die Technik und die Kehre"
47 Zitat, Die Technik und die Kehre, S. 12
48 Zitat, Die Technik und die Kehre, S. 14 f.
49 Zitat, Die Technik und die Kehre, S. 20
50 Zitat, Martin Heidegger, Der Satz vom Grund,
   Günther Neske Verlag, Tübingen 1957, S. 196, im
   Folgenden zitiert als „Der Satz vom Grund"
51 Zitat, Der Satz vom Grund, S. 198
52 Zitat, Der Satz vom Grund, S. 198
53 Zitat, Der Satz vom Grund, S. 198 f.
54 Zitat, Der Satz vom Grund, S. 199
55 Zitat, Die Technik und die Kehre, S. 28
56 Zitat, Martin Heidegger, Der Ursprung des
   Kunstwerkes, Reclam Verlag, Stuttgart 1967, S. 33
57 Zitat, SuZ, S. 13
58 Zitat, Heidegger Martin, Gelassenheit, Günther
   Neske Verlag, Pfullingen 1959, S. 26, im Folgenden
   zitiert als ‚Gelassenheit'
59 Zitat, Gelassenheit, S. 25
60 Zitat, Die Technik und die Kehre, S. 25
61 Zitat, Der Satz vom Grund, S. 210

62 Zitat, SuZ, S. 344
63 Zitat, SuZ, S. 188
64 Zitat, SuZ, S. 42
65 Zitat, SuZ, S. 287
66 Zitat, SuZ, S. 188
67 Zitat, SuZ, S. 137
68 Zitat, SuZ, S. 135
69 Zitat, SuZ, S. 266
70 Zitat, SuZ, S. 259
71 Zitat, SuZ, S. 385
72 Zitat, SuZ, S. 310

In dieser Reihe erschienen:

Walther Ziegler
Camus in 60 Minuten
2. Auflage: Juli 2015
84 Seiten, Paperback, € 9,99
ISBN 978-3-7347-8170-4

Walther Ziegler
Freud in 60 Minuten
2. Auflage: Juli 2015
96 Seiten, Paperback, € 9,99
ISBN 978-3-7347-8024-0

Walther Ziegler
Hegel in 60 Minuten
2. Auflage: Juli 2015
128 Seiten, Paperback, € 9,99
ISBN 978-3-7347-8128-5

Walther Ziegler
Heidegger in 60 Minuten
2. Auflage: Juli 2015
108 Seiten, Paperback, € 9,99
ISBN 978-3-7347-8169-8

Walther Ziegler
Kant in 60 Minuten
2. Auflage: Juli 2015
144 Seiten, Paperback, € 9,99
ISBN 978-3-7347-8172-8

Walther Ziegler
Marx in 60 Minuten
2. Auflage: Juli 2015
112 Seiten, Paperback, € 9,99
ISBN 978-3-7347-8154-4

Walther Ziegler
Platon in 60 Minuten
2. Auflage: Juli 2015
112 Seiten, Paperback, € 9,99
ISBN 978-3-7347-8158-2

Walther Ziegler
Rousseau in 60 Minuten
2. Auflage: Juli 2015
112 Seiten, Paperback, € 9,99
ISBN 978-3-7347-2555-5

Walther Ziegler

Sartre
in 60 Minuten

Walther Ziegler

Smith
in 60 Minuten

Walther Ziegler
Sartre in 60 Minuten
2. Auflage: Juli 2015
116 Seiten, Paperback, € 9,99
ISBN 978-3-7347-8156-8

Walther Ziegler
Smith in 60 Minuten
2. Auflage: Juli 2015
100 Seiten, Paperback, € 9,99
ISBN 978-3-7347-8157-5

Große Denker in 60 Minuten

Sämtliche Bücher der Reihe sind auch gebunden als Hardover im gleichen Verlag erschienen.

Demnächst in dieser Reihe:

Walther Ziegler
Adorno in 60 Minuten

Walther Ziegler
Arendt in 60 Minuten

Walther Ziegler
Bacon in 60 Minuten

Walther Ziegler
Descartes in 60 Minuten

Walther Ziegler
Foucault in 60 Minuten

Walther Ziegler
Habermas in 60 Minuten

Walther Ziegler
Hobbes in 60 Minuten

Walther Ziegler
Nietzsche in 60 Minuten

Walther Ziegler
Popper in 60 Minuten

Walther Ziegler
Rawls in 60 Minuten

Walther Ziegler
Schopenhauer in 60 Minuten

Walther Ziegler
Wittgenstein in 60 Minuten

Der Autor:

Dr. Walther Ziegler hat Philosophie, Geschichte und Politik studiert. Als Auslandskorrespondent, Reporter und Nachrichtenchef des Fernsehsenders ProSieben produzierte er Filme auf allen Kontinenten. Seine Reportagen wurden mehrfach preisgekrönt. Seit 2007 bildet er in München junge TV-Journalisten aus und leitet die Medienakademie auf dem Gelände der Bavaria Film, eine Hochschulbildungseinrichtung für Film- und Fernsehstudiengänge. Er ist zugleich Autor zahlreicher philosophischer Bücher. Als langjährigem Journalisten gelingt es ihm, das komplexe Wissen der großen Philosophen spannend und verständlich darzustellen.